Y GREMPOG GLYFAR

Anne Brooke

Lluniau gan Roger Bowles

Argraffiad cyntaf—Mehefin 1995

ISBN 1 85902 212 X

ⓗ Anne Brooke/Prifysgol Morgannwg

Dymuna'r cyhoeddwyr gydnabod cymorth Adran Ddylunio'r Cyngor Llyfrau Cymraeg.

Mae'r gyfrol hon yn rhan o brosiect a noddir gan y Swyddfa Gymreig a Phrifysgol Morgannwg. This book is part of a project funded by the Welsh Office and the University of Glamorgan.

Argraffwyd gan
J. D. Lewis a'i Feibion Cyf., Gwasg Gomer, Llandysul, Dyfed

Dyma ni!
Mam a'r plant a fi.

Y babi ydw i.

6

Un bore gwnaeth Mam grempog i ni.
Crempog fawr, frown, flasus oedd hi.

'Mae'n barod,' meddai Mam.
Ond edrych!
Dyma'r grempog yn neidio oddi ar
y plât

8

ac yn rholio allan drwy'r drws.

'Dere'n ôl!' meddai Mam.
'Dere'n ôl!' meddai'r plant

a fi!

O N D 'Crempog glyfar ydw i.
Does neb yn gallu 'nala i!'
meddai'r grempog.

Ac ymlaen â hi.

Nawr dyma'r grempog yn rholio drwy'r cae.

'Dere'n ôl!' meddai'r ffermwr.
'Dere'n ôl!' meddai'r ceffyl.

'Dere'n ôl!' meddai Mam a'r plant

a fi!

15

O N D 'Crempog glyfar ydw i.
Does neb yn gallu 'nala i!'
meddai'r grempog.

Ac ymlaen â hi.

16

Nawr dyma'r grempog yn rholio
i lawr y ffordd.

'Dere'n ôl!' meddai'r ci.
'Dere'n ôl!' meddai'r gath.

'Dere'n ôl!' meddai'r ffermwr a'r ceffyl
a Mam a'r plant

a fi!

O N D

'Crempog glyfar ydw i.
Does neb yn gallu 'nala i!'
meddai'r grempog.

Ac ymlaen â hi.

Nawr dyma'r grempog yn rholio i lawr y bryn.

'Dere'n ôl!' meddai'r fuwch.
'Dere'n ôl!' meddai'r ddafad.

'Dere'n ôl!' meddai'r ci a'r gath

a'r ffermwr a'r ceffyl a Mam a'r plant

a fi!

O N D

'Crempog glyfar ydw i.
Does neb yn gallu 'nala i!'
meddai'r grempog.

Ac ymlaen â hi.

Nawr dyma'r grempog yn dod at yr afon.
Roedd mochyn yn cysgu wrth y bont.
'Helô,' meddai'r mochyn.
'Helô,' meddai'r grempog.

'Crempog glyfar ydw i.
Does neb yn gallu 'nala i!'

'Beth?' meddai'r mochyn.

Dyma'r grempog yn aros.
'CREMPOG GLYFAR YDW I.
DOES NEB YN GALLU 'NALA I!'
meddai hi'n uwch.

'BETH?'
meddai'r mochyn.

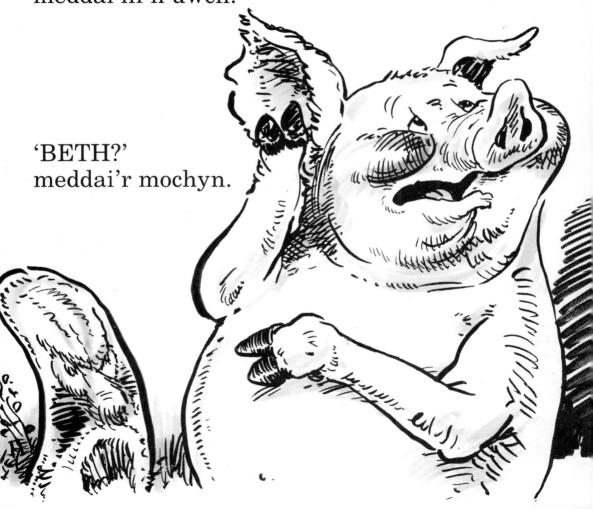

Dyma'r grempog yn dod i sefyll wrth
y mochyn.

'CREMPOG GLYFAR YDW I. DOES NEB YN GALLU 'NALA I!'

gwaeddodd hi.

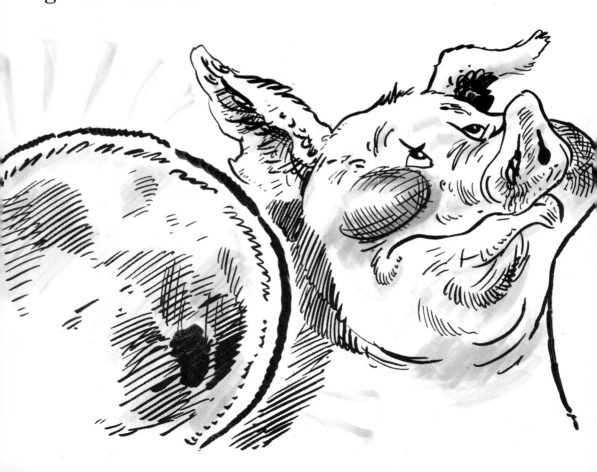

'OES!' meddai'r mochyn a

SNAP

'YMMM!
Rwy'n lico'r grempog glyfar,'
meddai'r mochyn clyfar.

A dyna ddiwedd y stori.

Y GREMPOG GLYFAR
The Clever Pancake

5 **Dyma ni! Mam a'r plant a fi. Y babi ydw i.**
Here we are! Mam and the children and I. I'm the baby.

6 **Un bore gwnaeth Mam grempog i ni. Crempog fawr, frown, flasus**
One morning Mam made a pancake for us. It was a big, brown, delicious
oedd hi.
pancake.

7 **'Mae'n barod,' meddai Mam.**
'It's ready,' said Mam.
Ond edrych! Dyma'r grempog yn neidio oddi ar y plât
But look! The pancake jumped from the plate

8 **ac yn rholio allan drwy'r drws.**
and rolled out through the door.

9 **'Dere'n ôl!' meddai Mam. 'Dere'n ôl!' meddai'r plant**
'Come back!' said Mam. 'Come back!' said the children

10 *a* **fi!**
and I!

11 **OND 'Crempog glyfar ydw i./Does neb yn gallu 'nala i!' meddai'r**
BUT 'I'm a clever pancake./No one can catch me!' said the pancake.
grempog. Ac ymlaen â hi.
And on she went.

12 **Nawr dyma'r grempog yn rholio drwy'r cae.**
Now the pancake rolled through the field.

13 **'Dere'n ôl!' meddai'r ffermwr. 'Dere'n ôl!' meddai'r ceffyl.**
'Come back!' said the farmer. 'Come back!' said the horse.
NEE!

14 **'Dere'n ôl!' meddai Mam a'r plant** *a* **fi!**
'Come back!' said Mam and the children *and* I!

15 **OND 'Crempog glyfar ydw i./Does neb yn gallu 'nala i!' meddai'r**
BUT 'I'm a clever pancake. No one can catch me!' said the pancake.
grempog. Ac ymlaen â hi.
And on she went.

16 **Nawr dyma'r grempog yn rholio i lawr y ffordd.**
Now the pancake rolled down the road.

17 **'Dere'n ôl!' meddai'r ci. 'Dere'n ôl!' meddai'r gath.**
'Come back!' said the dog. 'Come back!' said the cat.
BOW-WOW! MI-AW!

18 **'Dere'n ôl!' meddai'r ffermwr a'r ceffyl a Mam a'r plant** *a* **fi!**
'Come back!' said the farmer and the horse and Mam and the children
and I!

19 **OND 'Crempog glyfar ydw i./Does neb yn gallu 'nala i!' meddai'r**
BUT 'I'm a clever pancake./No one can catch me!' said the pancake.
grempog. Ac ymlaen â hi.
And on she went.

20 **Nawr dyma'r grempog yn rholio i lawr y bryn.**
Now the pancake rolled down the hill.

21 **'Dere'n ôl!' meddai'r fuwch. 'Dere'n ôl!' meddai'r ddafad.**
'Come back!' said the cow. 'Come back!' said the sheep.
MWW! MEE!

22/ **'Dere'n ôl!' meddai'r ci a'r gath a'r ffermwr a'r ceffyl a Mam a'r plant**
23 'Come back!' said the dog and the cat and the farmer and the horse and
a **fi!**
Mam and the children *and* I!

24 **OND 'Crempog glyfar ydw i./Does neb yn gallu 'nala i!' meddai'r**
BUT 'I'm a clever pancake./No one can catch me!' said the pancake.
grempog. Ac ymlaen â hi.
And on she went.

25 **Nawr dyma'r grempog yn dod at yr afon. Roedd mochyn yn cysgu**
Now the pancake came to the river. A pig was sleeping beside the bridge.
wrth y bont. 'Helô,' meddai'r mochyn. 'Helô,' meddai'r grempog.
'Hello,' said the pig. 'Hello,' said the pancake.

26 **'Crempog glyfar ydw i./Does neb yn gallu 'nala i!' 'Beth?' meddai'r**
mochyn.
'I am a clever pancake./No one can catch me!' 'What?' said the pig.

27 **Dyma'r grempog yn aros. 'CREMPOG GLYFAR YDW I./DOES**
The pancake stopped. 'I'M A CLEVER PANCAKE/NO ONE CAN
NEB YN GALLU 'NALA I!' meddai hi'n uwch. 'BETH?' meddai'r
mochyn.
CATCH ME!' she said louder. 'WHAT?' said the pig.

28 **Dyma'r grempog yn dod i sefyll wrth y mochyn. 'CREMPOG**
The pancake came to stand beside the pig. 'I AM A CLEVER PANCAKE./
GLYFAR YDW I./DOES NEB YN GALLU 'NALA I!' gwaeddodd hi.
NO ONE CAN CATCH ME!' she shouted.

29 **'OES!' meddai'r mochyn a**
'YES (they can)!' said the pig and

30 **SNAP!**

31 **'YMMM! Rwy'n lico'r grempog glyfar,' meddai'r mochyn clyfar.**
'YMMM! I like the clever pancake,' said the clever pig.

32 **A dyna ddiwedd y stori.**
And that's the end of the story.